AF200560

Christoph-Maria Liegener

Weihnachten für alle

Vorbote einer weiblich werdenden Welt

© 2019 Christoph-Maria Liegener
Verlag und Herstellung:
BoD – Books on Demand, Norderstedt
Umschlagbild: Shutterstock

ISBN: 9783749449965

Was braucht man zu Weihnachten?

Wie mutet Weihnacht traulich an,
ob mit, ob ohne Weihnachtsmann!
Geschenke, Schnee, das ist nicht wichtig,
doch Herzenswärme, die ist richtig.

Erinnerungen zu erwecken,
sich zu umarmen, mal zu necken,
Ein Weihnachtsliedchen froh zu singen,
zu hören, wie die Glocken klingen:
das kostet nichts und tut doch gut,
Gefühle strömen: eine Flut!

Manch einer wird auch überlegen,
woher er kommt, der Weihnachtssegen.
Da möge er nur in sich lauschen:
man hört der Engel Flügelrauschen.

Christoph-Maria Liegener

Inhalt

Vorwort

Die Religion wird immer profaner. Das äußert sich an vielen Stellen. Insbesondere ist das Weihnachtsfest so verweltlicht worden, dass viele Menschen es mitfeiern, die seine Bedeutung gar nicht mehr kennen, ja, die teilweise noch nicht einmal Christen sind. Das heißt, nicht nur die christlichen Religionen öffnen sich der Welt, auch die anderen öffnen sich dem Christentum.

Wie kam es zu dieser Verweltlichung und ist sie als gut zu werten? Die Antwort auf diese Frage kann in der Psychologie des Kollektivs der Menschheit gefunden werden. Sie hat mit dem Phänomen der Transgenderisierung der Menschheit zu tun und soll hier besprochen werden.

Das vorliegende Werk fügt sich damit ein in eine Reihe früherer Werke, die sich mit der Transgenderisierung der kollektiven Psyche der Menschheit beschäftigt haben.

Vieles aus den früheren Büchern habe ich hier nochmals erwähnt, damit man dieses Buch auch lesen kann, ohne die früheren zu kennen.

Wer sie indes kennt, wird feststellen, dass sich einige Gedanken weiterentwickelt haben.

Dr. Dr. Christoph-Maria Liegener

Einleitung

Die ganze Welt feiert Weihnachten. Es ist das Fest der Geburt Christi, aber nicht alle, die mitfeiern, glauben überhaupt an Christus. Jeder will dabei sein. Weihnachten geht viral. Wie ist das nun aus moralischer Sicht mit denen, die nur das Happening feiern? Lässt sich das rechtfertigen? Mit anderen Worten: Dürfen die denn das überhaupt? Natürlich geht es hier nicht um eine juristische Frage. Vielmehr darum, ob man das gut finden soll oder nicht. Oder, mit anderen Worten: Soll das so sein? Sollen alle Menschen Weihnachten feiern? Verfälschen all die Mitläufer nicht den Sinn von Weihnachten? Machen sie das Ganze nicht zu einer Kitsch-Veranstaltung?

Und was ist mit der kulturellen Identität des Abendlandes? Wird sie gefährdet? Um es gleich zu sagen: Jeder, der will, darf Weihnachten feiern und das ist gut so. Es entspricht sogar dem Zeitgeist. Das scheint leicht dahergesagt zu sein, und doch lässt es sich tatsächlich rechtfertigen.

Es wird sich ergeben, dass Weihnachten in seiner heutigen Form das Weiblich-Werden der Welt widerspiegelt. Dieses Weiblich-Werden der Welt lässt sich mit Hilfe der Psychologie des Kollektivs der Menschheit verstehen. Das bedeutet, man muss die Entwicklung der gesamten Menschheit aus psychologischer Sicht betrachten. Damit soll nun begonnen werden.

Die Entwicklung der Menschheit aus psychologischer Sicht

Die These: Die gesamte Menschheit verfügt über eine kollektive Psyche und diese hat sich seit der Entstehung der Menschheit in Analogie zur Psyche eines einzelnen Menschen entwickelt. Mit anderen Worten, die kollektive Psyche der gesamten Menschheit durchläuft verschiedene Entwicklungsstadien – von der Psyche eines Kleinkindes bis zu der eines Erwachsenen.

Da erhebt sich doch die Frage: Ist es überhaupt möglich, die ganze Menschheit psychologisch zu charakterisieren? Um das zu tun, müsste man dem Kollektiv der Menschheit eine Psyche zuschreiben und diese dann untersuchen. Das kann man tun und es ist in der Tat nicht neu. C. G. Jung ist genau diesen Weg gegangen und hat auf diese Weise den Begriff des kollektiven Unterbewussten geprägt (Jung, 2011), der auf der Annahme beruhte, dass menschliche Kollektive ähnliche psychische Eigenschaften wie die in ihnen organisierten

Individuen aufweisen können. In einem weiteren Schritt kann man die Entwicklung der Menschheit mit der psychischen Entwicklung eines Individuums vergleichen und bei jedem Schritt jener Entwicklung die dem Kollektiv zugeordnete Psyche betrachten. Die verschiedenen Entwicklungsphasen sind weitgehend bekannt.

Der Anfang ist klar. Die Geburt der Menschheit kann mit der Entwicklung des Bewusstseins identifiziert werden. In dem Augenblick, da sich das Bewusstsein in den Individuen entwickelte und die Individuen eine Gruppe formten, entstand erstmals eine kollektive Psyche.

Die Frühzeit der Menschheit begann mit der Säuglingsphase dieses Kollektivs. Ein Säugling ist auf Gedeih und Verderb seiner Mutter ausgeliefert. Die Menschheit war in dieser Phase, die etwa vor zwei Millionen Jahren begonnen hat, vollständig von der Natur abhängig. Die Natur hatte die Mutterrolle übernommen. Sie war die Urmutter oder „Große Mutter". Die Früchte der Natur ernährten die Menschen wie die Muttermilch, während die Höhle ihnen Schutz bot wie der Mutterschoß. Die Abhängigkeit der Menschheit von der Natur kann als ausschlaggebend in dieser Phase angesehen werden. Die totale Abhängigkeit geht mit einem notwendigen Vertrauen in die als Mutter angesehene Natur einher. Urvertrauen und Naturverbundenheit können als weibliche Züge angesehen werden. Daher wird die Menschheit zu jener Zeit weiblich ausgerichtet gewesen sein. Noch genauer kann man sagen, dass die starke Mutterbindung für eine Prägung als Muttertochter spricht. Die Menschheit glich in dieser Phase einer Muttertochter.

In einem nächsten Schritt der Entwicklung der Menschheit folgte die Kleinkindphase. In dieser Phase wird beim Individuum die Sprache ausgebildet. Auch das Kollektiv der Menschheit entwickelte in dieser Zeit, die ungefähr vor 100.000 Jahren anzusiedeln sein dürfte, die ersten Sprachen. Oft werden Mädchen bessere sprachliche Fähigkeiten zugeschrieben als Jungen (Hoff-Ginsberg, 2000). War die Menschheit also auch zu dieser Zeit noch weiblich? Um das zu klären, bedarf es weiterer Indizien.

Im der chinesischen Philosophie vom Yin und Yang stellt Yin das Weibliche, Dunkle,

Gefühlsmäßige, Unbewusste, Intuitive dar, Yang das Männliche, Helle, Intellektuelle, Bewusste, Planvolle. In der Kleinkindphase handelte die Menschheit noch intuitiv, passiv. Sie reagierte im Wesentlichen auf die Natur. Das spricht wiederum für eine weibliche Prägung.

Es gibt mehr Indizien. Von Anfang an bis zu ihrer vorpubertären Phase in der Altsteinzeit kann der Zustand der Menschheit als anarchisch charakterisiert werden. Es hatten sich noch keine hierarchischen Strukturen als Organisationsformen herausgebildet. Zwar wird es Kleinsthierarchien gegeben haben, aber keine übergreifenden Hierarchien, die das System steuerten. Hier zeichnet sich etwas ab, was für die Gegenwart bedeutsam ist: Ein Zusammenleben der Menschheit ohne übergreifende Hierarchien ist möglich. Interessant und überraschend in diesem Zusammenhang ist, dass es ohne zu mächtig gewordene hierarchische Strukturen keine Kriege gibt (Barclay, 1982). Das macht eine Welt ohne Hierarchien attraktiv.

Es ist bekannt, dass Frauen dazu neigen, Netzwerke zu knüpfen, Männer hingegen dazu, Hierarchien zu errichten (Schwarz, 2007, S.235). Charakteristische Organisationsformen einer männlichen Welt sind Monarchien und Diktaturen, charakteristisch für eine weibliche Welt sind Anarchien und Demokratien. Hier ist schon eine Schlussfolgerung erlaubt, die sich später bestätigen soll: Eine weibliche Menschheit führt keine Kriege.

Die Abwesenheit übergreifender Hierarchien im Kleinkindstadium der Menschheit, ihr anarchischer Zustand, weist also ebenfalls darauf hin, dass hier die weibliche Seite vorherrschte.

Das korreliert mit den Genderrollen im Zusammenhang mit der Pubertät aus folgendem Grund: Vor der Pubertät sind Mädchen charakterlich stärker und dominanter als Jungen, was sich schon in den schulischen Leistungen äußert. Nach der Pubertät dagegen waren bis in die jüngste Vergangenheit Männer diejenigen, die dominierten und nach außen handelten. Die letztere Rollenverteilung wurde und wird mittlerweile korrigiert. Die vorpubertäre Stärke der Mädchen andererseits war schon lange bekannt. Bereits in Volksmärchen wurde sie thematisiert: Bei Hänsel und Gretel, zwei Kindern, war Gretel die Retterin; umgekehrt wurde Dornröschen, eine erwachsene Frau, vom Prinzen gerettet. Die Rollen wechselten demnach mit der Pubertät. Die Parallelen in der Entwicklung der Menschheit sind offensichtlich: Vor der Pubertät dominierte die weibliche Seite, die Menschheit war weiblich.

In der späteren Kupferzeit begann die Menschheit, sich hierarchisch zu organisieren. In Überresten der Varna-Kultur (4400 - 4100 v. Chr.) gab es erstmals Hinweise auf eine Oberschicht, die damals bereits männlich war. Die Menschheit war erwachsen und männlich geworden. Auch die Tatsache, dass sich überhaupt Hierarchien ausbildeten, weist auf männliche Züge hin. Hierarchien sind das beherrschende Kennzeichen der ab der Pubertät nun männlichen Menschheit.

Die neolithische Revolution, die einen der größten Umbrüche in der Entwicklung der Menschheit darstellte, ging diesem Zustand voraus. Sie kann als die Pubertät der Menschheit interpretiert werden. Man ordnet sie ungefähr 9000 - 5500 v.Chr. ein. Was hier stattfand, kann nun als eine erste Transgenderisierung der Menschheit aufgefasst werden, in diesem Fall von weiblich zu männlich. Die Menschen gaben ihr Leben als Jäger und Sammler auf, wurde sesshaft, betrieben Ackerbau und Viehzucht. Für diese gewaltige Umstellung der gesamten Lebensweise könnten eventuell Umstände verantwortlich gemacht werden, die auf einen damals zu beobachtenden Klimawandel zurückgeführt wurden (Smolla, 1960).

In den Mythen vieler Völker wird von der Sintflut erzählt. Diese Überlieferungen können großenteil als unabhängig voneinander betrachtet werden. Daraus wurde gern der Schluss gezogen, dass ein reales globales Ereignis, eine gewaltige Überflutung, Vorbild dieses Mythos gewesen sein könnte. Man suchte archäologische Belege. Man glaubte sie gefunden zu haben und stellte verschiedene Hypothesen auf, zuletzt die von der Flutung des Schwarzen Meeres im siebten Jahrtausend v. Chr. Bisher ist selbst letztere kaum schlüssig (Yanko-Hombach, 2007).

Die biblische Sintflut wird aus theologischer Sicht ungefähr auf das dritte Jahrtausend v. Chr. datiert, wofür es keine naturwissenschaftlichen Anhaltspunkte gibt. Für die Gläubigen bedarf es keiner naturwissenschaftlichen Belege. Diese scheint es bisher auch nicht zu geben.

Eine ganz andere Interpretationsmöglichkeit besteht jedoch darin, den Mythos der Sintflut als eine im kollektiven Unbewussten entstandene symbolische Überlieferung des Kollektivs der Menschheit zu sehen. Der Mythos gäbe uns dann einen Einblick ins Unterbewusstsein der

Menschheit zu jener Zeit. Er spielt damit eine Rolle, wie sie Sigmund Freud dem Traum zugeschrieben hat.

In der Philosophie von Yin und Yang stellt Yin das weibliche Prinzip dar, symbolisiert durch das Wasser, Yang das männliche, symbolisiert durch das Feuer. Auch in der Traumdeutung steht Wasser für das Weibliche.

Bei C. G. Jung ist Wasser ein Archetyp und weist auf das Unbewusste hin. Das Ertrinken der Menschheit im Wasser könnte also ein Verdrängen bewusster Inhalte ins kollektive Unbewusste bedeuten. Es könnte auf eine Überforderung der Menschheit durch die schwierigen Lebensumstände hinweisen, gleichzeitig auf eine Angst vor einer zu starken Weiblichkeit.

Durch die neolithische Revolution war die Menschheit seit ca. 5500 v. Chr. männlich geworden, was sich über mehrere Jahrhunderte hingezogen haben dürfte. Der Traum des Kollektivs der Menschheit von der Sintflut könnte eine irrationale Angst vor dem Weiblichen ausdrücken, die den Wandel von weiblich zu männlich damals einleitete bzw. nachträglich rechtfertigen sollte.

Die psychische Situation der Menschheit in der männlichen Erwachsenenphase, die mit der Kupferzeit begann und im Wesentlichen fast bis heute anhält, war immer noch durch starke Mutterbindung und einen fehlenden Vater geprägt. Daraus entwickelte sich die Psyche eines Muttersohnes (Pilgrim, 1986, Liegener, 2016a, 2016b, 2017a). In diesem Szenario pflanzt die Mutter dem Sohn die Ziele ein, die sie als Frau nicht verwirklichen konnte. Bei der Menschheit war die Große Mutter abstrakt geworden. Sie konnte selbst nicht in das Geschehen eingreifen, brauchte dazu die Menschen. Die Vatersehnsucht der Menschheit führte schließlich zur Verehrung eines sich offenbarenden göttlichen Vaters, der den Menschen fern war, dessen Name nicht einmal genannt werden durfte.

Der Muttersohn, der sich zur Erfüllung der ihm von der Mutter anvertrauten heiligen Aufgaben berufen fühlt, entwickelt sich zum Narzissten. Geformt von seiner Mutter weist er weibliche Züge auf, die im Kontrast zu seiner vorgeblichen Männlichkeit stehen. Zerrissen von diesem Konflikt neigt der Muttersohn zur Selbstzerstörung. Dazu trägt auch bei, dass er seine überhöhten Ziele nicht erreichen kann, aber andererseits ein Scheitern nicht verkraften kann. Lieber gibt er sich auf. Er ist aus psychologischen Gründen zum Untergang verurteilt.

In dieser dramatischen Situation befand sich die Menschheit über Jahrtausende.

Im griechischen Kulturkreis gab es um 1200-750 v. Chr. noch eine weitere Transformation der dortigen Menschheit zu einem homosexuellen Muttersohn (Liegener, 2018, 2019), die aus katastrophalen Umständen der dortigen Welt entstand, aber nur für eine begrenzte Zeit währte. Eine unwichtige Episode, könnte man denken, doch diese Epoche prägte unsere abendländische Kultur. Der homosexuelle Muttersohn trug auch weibliche Züge und so entstand in dieser Zeit die Demokratie als eine weibliche Herrschaftsform – die Organisationsform des menschlichen Zusammenlebens in der Zukunft.

Da der heterosexuelle Muttersohn, der die Psyche der Menschheit in der restlichen Zeit repräsentierte, zur Selbstzerstörung neigt, war die Menschheit permanent in existenzieller Gefahr. Es gab fortwährend Anzeichen, dass sie versuchte, sich selbst zu vernichten, und sei es nur durch überflüssige Kriege. Aber wir können heute entwarnen. Die Menschheit wendet diese Gefahr derzeit ab, indem sie sich zu einer Muttertochter transgenderisiert. Dieser Glücksfall ist zwar im Nachhinein erklärbar, aber nicht verdient. So etwas kann man nicht steuern. Es ist ein Prozess, der unbewusst abläuft.

Er erstreckt sich über mehrere Jahrhunderte und begann etwa mit dem Zeitalter der Aufklärung. Damals erkannte der Mensch sein Ausgeliefertsein an das unermessliche Weltall und gleichzeitig wurde die Allmacht der Religion in Frage gestellt. Der Muttersohn wurde in seiner narzisstischen Selbstüberschätzung erschüttert. Die Psyche der kollektiven Menschheit geriet in eine Existenzkrise. Das ist im Prinzip die bereits erwähnte Situation des Scheiterns des Muttersohnes, die zu seiner Selbstaufgabe führt. Wäre es eine äußere Krise, hätte er sich wahrscheinlich schon selbst zerstört. Anzeichen dafür gab es genug. Mehrfach wäre es fast zum nuklearen Overkill gekommen.

Nun war es aber eine innere Krise. Infolgedessen kommt es zu einer inneren Reaktion, zu einer Art Selbstaufgabe, wenn auch nur zu einer partiellen. Der Muttersohn gibt seine männliche Identität auf. Die weibliche Seite der Menschheit begann, das Ruder zu übernehmen. Das ergibt Sinn. Spontane Geschlechtsumwandlungen zur Erhaltung der Art sind aus dem Tierreich bekannt. Beim Menschen haben Frauen in Krisen die größere Widerstandskraft als Männer. Die Evolution hat sie ihnen gegeben, um die Tortur der Geburt zu überstehen.

Diese Resilienz wurde jetzt gebraucht und mobilisiert. Die entsprechende spontane Transgenderisierung ermöglicht nun tatsächlich das Überleben der Menschheit. Die entstehende Muttertochter ist psychisch wesentlich stabiler als der Muttersohn. Die Menschheit kann gerettet werden.

Der Vorgang dieser Transgenderisierung, der noch im Gange ist, lässt sich an vielen Symptomen beobachten (Liegener, 2017a, 2017b, 2017c, 1018, 2019). Allen Symptomen gemeinsam ist, dass weibliche Verhaltensweisen des Kollektivs der Menschheit die männlichen ersetzen.

Vom Großen zum Kleinen. Die Gesellschaftsform bei uns ist eine Demokratie – eine weibliche Erscheinung, wie oben schon festgestellt wurde. Sie wurde ab dem 17. Jahrhundert wiederbelebt und löste die männlich geprägten Monarchien ab.

Entscheidend aber ist: Emotionalität wird wichtiger als Rationalität. Frauen können mit emotionalen Inhalten besser umgehen als Männer (Spalek, et al., 2015). Für Männer dagegen ist Leistung wichtiger (Frerichs, 1997, S.130). Das erklärt die neue Vorliebe für Emotionalität und die Zurücknahme des Leistungsdrucks. Bereits die Kinder werden heute in der

Schule auf die weibliche Welt vorbereitet. Sogenannte Soft Skills werden wichtiger genommen als Hard Skills. Emotionale Kompetenz soll gelernt werden statt Faktenwissen.

Noch allgemeiner hat ein Wertewandel eingesetzt (Inglehart, 1995), wobei sich der Schwerpunkt von materialistischen zu postmaterialistischen Werten verschiebt. Materialistische Werte wären körperliches Wohlergehen, Sicherheit und Unversehrtheit. Es sind Werte, an denen sich vor allem Männer orientieren. Sie mussten die handfesten Kämpfe zur Sicherung des Stammes austragen, seine Existenz sichern. Postmaterialistische Werte sind solche, die über das Existenzielle hinausgehen, die Lebensqualität betreffen: Glück, Gesundheit, Geselligkeit, Kultur. Es sind Werte, um die sich hauptsächlich die Frauen kümmern, die „kleinen" Dinge. Frauen machten die Höhle wohnlich, versorgten die Verwundeten, zogen die Kinder auf und verwöhnten ihre Männer. Der Wertewandel kann als ein Symptom des Wandels der Menschheit vom Muttersohn zur Muttertochter angesehen werden.

Viele weitere Beispiele wären zu nennen: das Ende des Kalten Krieges, die Vermeidung großer offener Kriege, stattdessen die Zunahme hybrider Kriegsformen etc. etc. (Liegener, 2017a, 2017b, 2017c, 1018, 2019).

Zur Klarstellung: Die weibliche Welt wird sich nicht dadurch auszeichnen, dass Frauen männliche Macht ausüben, sondern dadurch, dass weibliche Strukturen entstehen, in denen Macht keine Rolle mehr spielt. Ein Beispiel: die Firmenpolitik. Wenn Quotenregelungen mehr Frauen in die Führungsetagen bringen, ist das gut, aber nicht genug. Es bedeutet, dass an den Symptomen kuriert wird. Die Frauen versuchen nur, männliche Rollen zu spielen. Dabei werden sie (fast) immer im Nachteil sein. Das ist noch keine weibliche Welt.

In einer weiblichen Welt werden sich die Werte verschoben haben. Emotionale Kompetenz wird gefragt sein statt Leistungsmaximierung. Frauen werden gesucht sein, nicht trotz, sondern wegen ihrer Weiblichkeit. Eine Quotenregelung für Frauen wird überflüssig sein, eher wird eine für Männer gebraucht werden. Diese Welt ist im Entstehen, aber hat sich noch nicht durchgesetzt. Auch wenn es heute noch schwerfällt, das zu glauben: Diese Welt wird kommen. Was Jahrhunderte gebraucht hat, um in Gang zu kommen, wird nicht in wenigen Jahren abgeschlossen werden können. Aber die Aussicht auf eine bessere Zukunft hilft.

Die Menschheit wird also zu einer erwachsenen Muttertochter. Sie wohl danach die nächste Zeit weiblich bleiben. Alterungserscheinungen lassen sich bisher nicht feststellen. Die Menschheit ist immer noch nach vorn gewandt, dringt weiter ins Weltall vor; bemannte Flüge zum Mars sind geplant. Alt ist die Menschheit noch lange nicht; im Gegenteil, sie ist noch im gebärfähigen Alter. Nachwuchs in Form der künstlichen Intelligenz ist bereits auf dem Weg.

Eine Randbemerkung sei gestattet: Es gibt eine weitere Parallelität zwischen dem Kollektiv der Menschheit und dem Individuum, die sich an ganz anderer Stelle beobachten lässt. Die Entwicklung der Menschheit kann nämlich auch in körperlicher Hinsicht in Parallelität zur Entwicklung eines Individuums gesetzt werden kann. Wie soll das gehen? Hier geht es um die Entwicklung des menschlichen Embryos im Mutterleib. Jeder einzelne Embryo verfügt zeitweilig über einen Schwanz und Kiemen. Das Phänomen zeigt sich nur vorübergehend und ist darauf zurückzuführen, dass der Embryo in seiner Entwicklung die verschiedenen Stadien der evolutionären Entwicklung der Menschheit durchläuft, bevor er seine menschliche Form ausbildet. Lurche, Fische und Vorläufer der Wirbeltiere gehören dazu. Zwischen der Entwicklung des Embryos und der Evolution der Menschheit besteht eine nachvollziehbare Parallelität.

Das sei allerdings nur nebenbei erwähnt. Es ist vom Konzept her interessant, hat aber keine Konsequenzen für die psychische Betrachtungsweise.

Gemeinsamkeit

Vor ungefähr 30000 Jahren wanderten die Cro-Magnon-Menschen in Europa ein. Die Menschheit befand sich damals noch in ihrer ersten weiblichen Phase. Es gibt Hinweise auf eine friedliche Koexistenz der Neuankömmlinge mit den alteingesessenen Neandertalern. Die weibliche Menschheit bildete anscheinend eine Gesellschaft aus, die sich Migranten gegenüber öffnete.

Dass die kollektive Psyche der Menschheit damals weiblich war, heißt nicht, dass ein Matriarchat geherrscht hat. Die unterbewussten Handlungsweisen und Wertmaßstäbe waren weiblich, nicht die Organisation im Kleinen. Tatsächlich weisen Genanalysen von Neandertalern sogar auf ein patrilokales Fortpflanzungsverhalten hin (Lalueza-Fox, et al., 2011).

Es liegt in der Natur der weiblichen Welt, Fremden gegenüber offen zu sein. Die Rollenverteilung in der Höhle gab vor, dass die Männer Fremde überprüften und gegebenenfalls abwehrten. Ließen sie jedoch jemanden in die Höhle, so nahmen die Frauen ihn freundlich auf und integrierten sie oder ihn (Liegener, 2017a, S. 127).

In unserer heutigen Zeit geht die Menschheit gerade in ihre zweite weibliche Phase über. Es gibt Parallelen. Auch in der Gegenwart und näheren Zukunft wird die Integrationsfähigkeit der Menschheit gefordert sein. Migration ist wieder ein Thema.

In der modernen weiblich werdenden Welt werden alle Erreichbaren zu einem großen Fest wie dem Weihnachtsfest eingeladen. Allerdings nur im übertragenen Sinn. Es gibt Grenzen, wie der folgende bekannte Scherz zeigt:

Zu Weihnachten klingelt es an der Tür. Vor der Tür steht ein Beamter mit einem Asylanten und sagt:

„Es ist Weihnachten. Das Fest der Liebe. Wollen Sie nicht etwas Gutes tun und einen Asylanten zu sich nehmen?"

„Vielleicht nächstes Jahr. Diesmal nehmen wir schon eine Weihnachtsgans zu uns."

Na ja, das ist Geschmackssache. Humor sollte man nicht auf die Goldwaage legen.

Trotzdem werden tatsächlich nicht alle zum Feiern beisammensitzen. Nicht aus Ablehnung, sondern weil das der Tradition von Weihnachten als der eines Familienfestes widerspräche. Das ist nun einmal das Konzept. Es ist im Zuge der Aufklärung entstanden, als die öffentliche Demonstration von Religiosität nicht mehr üblich war und gleichzeitig die häusliche Idylle zunehmend gewürdigt wurde. Weihnachten als Familienfest hat sich demnach gleichzeitig mit der weiblich werdenden Welt entwickelt.

Man feiert Weihnachten bis heute am liebsten im Kreis der Familie. Aber man freut sich, dass auch die anderen Familien feiern. Gern wünscht man den anderen ein frohes Fest und beschenkt sie, wenn man es sich leisten kann.

Glauben praktizieren

In der männlichen Welt hieß, Glauben zu praktizieren, hauptsächlich, ihn rational zu durchdringen. Dogmen wurden identifiziert, theologische Probleme wurden diskutiert, immer getrieben vom unerschütterlichen Glauben, dass eine Lösung der Probleme möglich sei. Da die heiligen Texte nun einmal vorlagen, wie sie waren, mussten Probleme bei ihrer Auslegung in Schwierigkeiten beim Verständnis liegen, die Hermeneutik kam zum Zug. Warum indes mussten diese Schriften scheinbare Widersprüche enthalten, die so schwer aufzulösen waren? Ein Rätsel.

Selten gab es Erleuchtete, die ohne explizite Theorie ihr Leben in geradezu heiliger Weise verbrachten. Sie waren jedoch die Ausnahme und wurden zu Vorbildern. Man glaubte, die Leiter wegwerfen zu können, wenn man sie erst einmal erstiegen hätte, wie Wittgenstein in anderem Zusammenhang sagte.

Das wäre jedoch ein Umweg, wenn er überhaupt ans Ziel führt. In der weiblich werdenden Welt wird von vornherein der emotionale

Zugang gewählt. Die religiösen Symbole und Riten werden als solche verehrt. Sie haben fast schon archetypischen Charakter erlangt. Sie transportieren nonverbale Botschaften. Man gelangt unmittelbar zu einem Gefühl des unbestimmten Glaubens, der einem genügt.

Der beschriebene Wandel, der eine Folge der weiblich werdenden Welt ist, verbreitet sich immer mehr. Immer mehr Menschen bezeichnen sich als „spirituell, aber nicht religiös", womit sie wohl zum Ausdruck bringen wollen, dass sie durchaus an höhere Mächte und Übernatürliches, eventuell vage als „Göttliches" Bezeichnetes glauben, sich aber nicht durch die als willkürlich empfundenen Dogmen der Kirchen einengen lassen wollen. Sogar von einer spirituellen Revolution wurde schon gesprochen (Heelas & Woodhead, 2005).

Dieser populär werdende Zugang umgeht das Problem, dass Religion eine Lehre dessen ist, was wir nicht verstehen können. Die Begrenztheit unseres menschlichen Verstandes verhindert, dass wir uns im überirdischen Zusammenhang erkennen können. Wir sind auf Gleichnisse angewiesen, die ihrer Natur nach immer unvollständig sein müssen.

Der Glaube braucht indes die ausformulierte Lehre nicht. Man kann sich im Gebet öffnen, ohne die Details zu kennen. Das Urvertrauen hilft hier, eine weibliche Stärke. Ausgebildet wird es in der frühen Mutter-Kind-Bindung. In der Anbetung der Großen Mutter spiegelte sich das schon am Anfang wider.

Wenn es aber so ist, dass man Symbole und Bräuche nutzen darf, ohne ihre Berechtigung zu hinterfragen, dann darf man auch Weihnachten feiern, ohne jeden Glaubensgrundsatz zu teilen, ja, sogar ohne Mitglied einer christlichen Glaubensgemeinschaft zu sein.

Tatsächlich zeigen Umfragen, dass viele, die Weihnachten feiern, die Bedeutung von Weihnachten gar nicht mehr kennen. Sie feiern das Fest trotzdem und benutzen die Symbole: die Krippe, den Weihnachtsbaum, den Weihnachtsmann usw. Das ist eine Folge der weiblich werdenden Welt, die mehr auf Emotionalität setzt als auf Rationalität. „Symbole statt Inhalte" lautet der neue Trend. Schon Lessing hatte in „Nathan, der Weise" die Wirkung einer Religion über deren Lehre gestellt.

Die weiblich werdende Welt führt zu einer Durchlässigkeit der Religionen. In Deutschland planten laut einer INSA-Umfrage 2017 neun Prozent der Muslime und acht Prozent der Konfessionslosen, einen Weihnachtsgottesdienst zu besuchen (Schuler, 17.Dezember 2017). Und das, obwohl die Kirchenbesuche der Kirchenmitglieder abnehmen. Das zeigt: Weihnachten verbreitet sich, während der formale Grund des Festes in den Hintergrund tritt.

Weihnachten wird heute bereits in Ländern mit nur wenigen Christen in der Bevölkerung ausgiebig gefeiert, in Ländern teilweise, in denen Christen früher blutig verfolgt wurden. Das Fest ist weltumfassend geworden. Das ist schön und so soll es sein. Das heißt doch: Die ganze Menschheit darf das Weihnachtsfest mitfeiern. Jeder darf Weihnachten feiern. Das ist ein großartiges Gemeinschaftserlebnis, das es früher nicht gab. Es ist eine Errungenschaft der weiblich werdenden Welt.

Die Symbolik von Weihnachten

Wenn Weihnachten nicht mehr von allen in seiner ursprünglichen Bedeutung erfasst wird, sind es die Symbole, die zählen. Viele von ihnen dienten früher dazu, an die Geburt Christi zu erinnern. Heute haben sich einige verselbständigt und sprechen Grundbedürfnisse der Menschen an, andere sind ganz neu hinzugekommen und haben überhaupt nichts mehr mit dem ursprünglichen Fest zu tun. Sie sind Zeichen des neuen internationalen Festes. Dazu gehört der Weihnachtsmann mitsamt seinem Rentierschlitten und der von Wichteln geführten Spielzeugfabrik in Finnland sowie die Geschichte vom Besuch durch den Kamin. Der deutsche Weihnachtsmann ist seit 1835 belegt, den Santa Claus aus den USA gibt es seit 1863. Die behäbigen Weihnachtsbegleiter dies- und jenseits des Atlantiks sind also im Vergleich zu anderen Bräuchen noch recht jung.

Die meisten weihnachtlichen Symbole treffen genau gewisse Bedürfnisse der Menschen.

Diese Bedürfnisse sind solche, die aus den Widrigkeiten der irdischen Existenz entstehen. Früher trieben sie die Menschen zur Religiosität.

Da steht zunächst die Mutter-Kind-Szene im Mittelpunkt. Man könnte denken, das ist nun klar als ein Hinweis auf den christlichen Hintergrund des Festes zu sehen. Dennoch ist es inzwischen mehr geworden. Der allgemein menschliche Wunsch nach Geborgenheit wird angesprochen. Noch genauer: das Urvertrauen in die Mutter. Die Heilsversprechung durch das Kind geht ebenfalls ins Allgemeine: das Neugeborene spricht den Fürsorgetrieb an, wirkt außerdem als Ausdruck der Potentialität, der ungeahnten Möglichkeiten des Menschen.

Die Widrigkeiten der Welt werden nicht geleugnet, aber Besserung in Aussicht gestellt. Die Besserung wird symbolisiert durch die Wintersonnwende, ausgehend von der Dunkelheit, die ab jetzt langsam erhellt wird. Die Kerzen bedeuten das Licht, das nun erwartet wird. Der Advent symbolisiert das Warten auf das Licht, der Weihnachtsstern leitet uns, führt uns ins Licht, ein Hinweis auf einen angenehmen Tod. Außerdem nimmt er uns die Angst vor dem unbekannten Universum – er überstrahlt es. Alles läuft auf ein Ziel hinaus, das eigentlich selbst in den Hintergrund tritt. Die Hirten versammeln sich, ein Gemeinschaftserlebnis kündigt sich an. Die ganze Menschheit feiert Weihnachten. Man ist nicht allein.

Immer wieder bekommt man zu hören, dass Ostern eigentlich das wichtigere Kirchenfest sei als Weihnachten. Warum ist dann Weihnachten bei der Mehrheit der Menschen beliebter? Es sind nicht nur die besseren Symbole. Osterhasen und Ostereier gibt es doch auch, aber dadurch ändert sich nichts. Unter archetypischen Gesichtspunkten ist die Sache klar: Ostern ist das Fest der männlichen Seite Gottes – Blut, Wunden, Folter, Tod, gefolgt von Triumph. Weihnachten betont dagegen die weiblichen Aspekte von Religion: Geburt, Mütterlichkeit, Fürsorge, Wärme, Heimeligkeit und eine auf Dauer angelegte Hingabe. Es scheint so, dass Tod und Wiedergeburt ein männliches Bild darstellen, Überwintern ein weibliches. Es handelt sich um den Gegensatz von gewaltsamem Tod auf der männlichen und duldsamem Überleben auf der weiblichen Seite.

Daher ist es kein Wunder, dass sich in einer weiblich werdenden Welt das Weihnachtsfest im Aufwind gegenüber Ostern befindet, und dieser Trend wird sich noch verstärken. Weihnachten wird immer wichtiger werden.

All die unzähligen weiteren kleinen Symbole und Hinweise auf Weihnachten fügen sich in das Bild ein. Ihre christliche Deutung wird manchmal postuliert, was oft an den Haaren herbeigezogen wirkt. Hingegen haben sie sich zu wirkungsvollen Bestandteilen des Weihnachtsfestes entwickelt, wenn man von ihrer psychologischen Bedeutung ausgeht. Der Weihnachtsbaum symbolisiert als immergrünes Gewächs, das den Winter übersteht, das Überleben, wohingegen das Kreuz (bezeichnenderweise zu Weihnachten im Hintergrund, aber zu Ostern beherrschend) ein Folterwerkzeug ist, gleichzeitig Symbol der Auferstehung. Wieder der Hinweis auf ein weibliches Fest. Der Weihnachtsbaum und die Krippe (Symbol für Geburt) sind weibliche Symbole, das Kreuz und der Kirchturm (Phallussymbol) männliche.

Die Christbaumkugeln waren in früheren Bräuchen Äpfel. Sie sollten angeblich an den Sündenfall erinnern, tun es aber heute kaum noch. Vielmehr bedeuten Äpfel und Nüsse Vorräte, die im Winter das Überleben sichern sollen. Heute sind sie zu glitzernden Objekten geworden, die zusammen mit dem Lametta das Licht ins Dunkel reflektieren sollen.

Der Stollen sollte wohl das Wickelkind in der Krippe nachbilden. Wenn man dem folgen will, so sollte man in dem Wickelkind nicht nur den neugeborenen Jesus sehen, sondern auch im Säugling das unendliche Potential des Menschenlebens erkennen. Aber selbst das ist zu geheimnisvoll. Heute geht es um das mit dem Feiern verbundene Essen.

Die Krippe selbst wies einst darauf hin, dass dieser Gott nicht ein Gott des Prunks und der Macht ist. In ärmlichsten Verhältnissen kommt er zur Welt, in einem Stall. Die ersten Verehrer und Verkünder der Nachricht sind einfache Hirten. Jeder – ohne Ansehen seines Ranges – ist willkommen. Hier wird nun tatsächlich schon mit der bisherigen Bedeutung eine Brücke zur weiblich werdenden Welt geschlagen. So wird das nämlich auch heute intuitiv gesehen. Dies ist ein Fest für alle und dieses Gefühl überträgt sich auf die Feiernden. „Alle Menschen werden Brüder." Schiller hatte es richtig erkannt: So äußert sich Freude. Weihnachten ist ein Fest der Freude.

Die Geschenke, wenn sie denn wirklich sein müssen, symbolisieren diese Freude, die wir

miteinander teilen wollen. Zu diesem Gemeinschaftserlebnis gehört auch das gemeinsame
Singen von Weihnachtsliedern.

Die Engel, Boten des Himmels, geben uns
das Gefühl der Verbundenheit mit dem Him-
mel, dem Göttlichen, dem Überirdischen, früher exakt beschrieben, heute emotional erahnt.

Der Brauch, zu Weihnachten zu schlemmen,
ist von den früheren Feiern zur Wintersonnwende übernommen worden. Eine christliche
Interpretation erübrigt sich also. Außerdem
wurden fortwährend weitere Weihnachtsspezi-
alitäten erfunden, z.B. der Dominostein erst
1936 in Dresden.

Alle diese Symbole befriedigen ein mensch-
liches Bedürfnis, ohne wirklich notwendiger-
weise auf den Ursprung des Festes zurückzu-
greifen. Das Fest hat sich verselbstständigt.
Man mag es nicht mehr missen, so wichtig ist
es geworden. Schon zum geflügelten Wort geworden ist die Aussage von Eric Sevareid:

„Wenn es Weihnachten nicht schon längst
gäbe, müsste man es erfinden."

Noch ein Wort zu den Inhalten des Weihnachtsfestes.

Die Symbolik der Geburt eines „göttlichen Kindes" (Jung & Kerényi, 2012) trifft wiederum ein uraltes Bedürfnis der Menschheit und ist auch schon vor dem Christentum in den Mysterien geläufig.

Auch hier kann man unterscheiden zwischen den Mythen, die um den Tod und solchen, die ums Überleben kreisen. Der Osiris-Kult ist in Ägypten in einer männlichen Welt entstanden. Er erzählt vom Tod und der zeitweiligen Wiedergeburt des Osiris. Bei dem göttlichen Kind handelt es sich um Horus, den göttlichen Sohn von Isis und dem toten Osiris.

Auch in den Mysterien von Eleusis stand eine Geburt im Mittelpunkt, wahrscheinlich sogar eine Jungfrauengeburt. Die Details sind bis heute verschleiert (Burkert, 1990). Und doch scheint es um den Mythos von Persephone zu gehen, die von Hades in die Unterwelt entführt wird. Ihre Mutter Demeter trauert, wodurch es auf der Erde Winter wird. Auf ihre Bitten hin darf Persephone für eine Zeitlang auf die Erde zurückkehren und es wird Frühling. Die Tochter muss jedoch jedes Jahr wieder in die Unterwelt, wodurch sich die Jahreszeiten wiederholen. In diesem Mythos stirbt

Persephone nicht wirklich, es geht um das Überstehen einer schlimmen Zeit. Dies ist eine mildere Form des Jahreszeitenmythos, entstanden in der homosexuellen Phase des Muttersohnes in Griechenland und daher eher weiblich geprägt.

In einer weiblich werdenden Welt wird das Fest des Überwinterns das Erfolgreichere sein.

Die Inhalte des Glaubens dürften sich ändern. Es wird nicht zu offenen Widersprüchen zu den alten Lehren kommen, sondern zu einer allmählichen Verschiebung der Schwerpunkte. Nicht mehr Tod und Auferstehung werden im Mittelpunkt stehen, sondern das Eingehen in etwas Größeres. Nicht mehr die Worte der Lehren werden zählen, sondern die Emotionen, die man gemeinsam entdecken wird. Eine neue Welt wird entstehen und eines ihrer wichtigsten Feste wird Weihnachten sein.

Weihnachten als Vorbote einer neuen Zeit

Die Entwicklung von Weihnachten zu einem immer wichtigeren Fest ist ein Kennzeichen der weiblich werdenden Welt. Sowohl zeitlich wie auch von der Begehung des Festes passt alles zusammen.

Weihnachten war für diese Rolle eines weiblichen Vorzeigefestes geradezu prädestiniert. Es war doch schon immer das Fest des Mütterlichen und damit des Weiblichen. Der Charakter des Festes als eines heimeligen Familienfestes passte genau in das Schema der Zeit der Aufklärung, der Zeit der weiblich werdenden Menschheit.

Es ist eine gute Zeit. Nicht nur, weil die Frauen es verdient haben. Da mag es Stimmen geben, die einwenden, dass Frauen manchmal zickig sein können. Ohne das zu kommentieren, lässt sich immerhin feststellen, dass sie fast nie Kriege anzetteln. Andere behaupten, Frauen würden zu viel nörgeln. Man könnte erwidern:

„Was sollen sie denn bei so viel männlicher Dummheit sonst tun?"

Doch das packt es nicht bei der Wurzel. Frauen nörgeln nämlich nicht, sondern pflegen eine Kultur der „beharrlichen verbalen Kritik" (Liegener, 2017a). Hier geht es darum, Verbesserungen in kleinen Schritten zu erreichen. Das wiederum ist das erfolgversprechendste Vorgehen in einer Gemeinschaft.

Das Wichtigste aber ist etwas anderes. Was Frauen besser können als jeder Mann: Liebe schenken. Auch Männer können lieben, aber sie tun es eher unbeholfen. Frauen können Liebe zum Ausdruck bringen wie kein Mann. Sie wurden von der Evolution in besonderem Maß mit Liebesfähigkeit ausgestattet, um sie an ihre Säuglinge weitergeben zu können. Die Mutterliebe ist sprichwörtlich geworden und steht beim Weihnachtsfest im Zentrum.

Mütter sind meist die wichtigsten Bezugspersonen ihrer Kinder, solange sie noch Kinder sind. Sie sind verantwortlich dafür, wie Kinder Weihnachten wahrnehmen, und sie sorgen dafür, dass Weihnachten für ihre Kinder zu einem Traum wird. Nie wieder werden sich die Kinder von diesem Zauber lösen können. Das ist der Grund dafür, dass wir auch als Erwachsene beim Gedanken an Weihnachten glänzende Augen bekommen. Es ist ein Geschenk unserer Mütter.

Das Fest wird in zunehmendem Maß international. Es ist dabei egal, ob vor einer Krippe oder unter Mitwirkung eines Weihnachtsmannes gefeiert wird. Harmonie und Völkerverständigung werden gefördert. Ist das ein Verrat an der Religion? Nein, im Gegenteil, es rettet sie in unsere neue Zeit. Auch Religion wandelt sich. Glücklicherweise. (Man denke nur an die Inquisition.) Jetzt passt sie sich der weiblich werdenden Welt an. Ein sichtbares Zeichen ist das heutige Weihnachtsfest.

Weinachten, das Fest der Frauen

Weihnachten wird von den Frauen getragen. Sie backen Plätzchen und Stollen, bereiten die Weihnachtsgans zu, decken den Tisch, reinigen die Wohnung und schmücken sie festlich, organisieren das Zusammenkommen der Verwandtschaft, besorgen den größten Teil der Geschenke, verbreiten Harmonie und gute Laune. Der Beitrag der Männer ist eher symbolisch: Sie schneiden die Weihnachtsgans an. Vielleicht haben sie auch den Weihnachtsbaum geholt und geschmückt. Es sind kurzzeitige Engagements, während die Frauen die ganze Vorweihnachtszeit rotieren. Da zeigt sich die klassische Rollenverteilung: Männer kurz und intensiv, Frauen ausdauernd und nachhaltig.

Eigentlich ein Hohn, dass die Geschenke ein Mann, der sogenannte Weihnachtsmann bringt (Stokowski, 2018). Regional übernimmt auch manchmal das Christkind diese Rolle, gespielt von einem halbwüchsigen Mädchen. Eine erwachsene Frau ist es nie. Sollte man das ändern? Vielleicht einen weiblichen Engel einführen oder eine Weihnachtsfrau? Da gibt es ein

Problem. Die wenigsten Frauen würden wollen, dass eine andere Frau ihre Lorbeeren einheimst. Dann doch schon eher ein Mann oder ein Kind.

Die Last von Weihnachten tragen die Frauen. Kein Wunder demnach, dass es Frauen oft vor Weihnachten graut, während Männer sich darauf freuen.

Weihnachten wird nicht nur von Frauen gemacht, sondern ist auch gendertypisch heutzutage ein weibliches Fest, wie anhand der Symbolik gezeigt wurde. Wir haben gesehen, dass bereits die Entstehung von Weihnachten in seiner heutigen Ausprägung darauf hinweist. Diese Art, Weihnachten zu feiern, entwickelte sich, wie gesagt, gleichzeitig mit dem Weiblich-Werden der Welt.

Weihnachten heute ist ein Geschenk der Frauen an die Welt. Frauen sind bereit, sich dafür aufzureiben, für ihre Lieben da zu sein. Das ist nicht etwas, was in der weiblichen Welt wieder verschwinden muss. Es wird freiwillig aus Liebe geschenkt. Die Liebe ist etwas Wunderbares. Man rechnet nicht auf. Frauen können lieben, das ist ihre Stärke. Sie sollten das nicht zugunsten eines überflüssigen Kampfes aufgeben. Die weibliche Welt wird auch ohne Kampf kommen.

Allerdings sollte die Hingabe der Frauen entsprechend gewürdigt werden. Da liegt die Aufgabe der Männer. Aber Vorsicht: nicht einfach hinklotzen! Nichts Materielles! Das machen Männer gern. Sie denken nicht viel nach. Einfach ein Geschenk. Hauptsache groß. Und teuer. Frauen ticken da anders. Sie wollen sehen, dass man an sie gedacht hat. Ein bisschen Romantik vielleicht …

Das heutige Weihnachtsfest ist nicht nur irgendein Symptom der weiblich werdenden Welt. Es enthält alles, was die weibliche Welt kennzeichnet. Man könnte dieses wunderbare Fest geradezu selbst als Symbol der weiblich werdenden Welt bezeichnen.

Literaturverzeichnis

Barclay, H. (1982). *Völker ohne Regierung: eine Anthropologie des Anarchismus.* London: Kahn and Averill.

Burkert, W. (1990). *Antike Mysterien. Funktionen und Gehalt.* München: C.H. Beck.

Frerichs, P. (1997). *Klasse und Geschlecht, Bd. 1. Arbeit. Macht. Anerkennung. Interessen. (Schriftenreihe Sozialstrukturanalyse; Bd. 10).* Opladen: Leske + Budrich.

Heelas, P., & Woodhead, L. (2005). *The Spiritual Revolution. Why Religion is Giving Way to Sprituality.* Oxford: Blackwell.

Hoff-Ginsberg, E. (2000). Soziale Umwelt und Sprachlernen. In H. Grimm, *Sprachentwicklung. Enzyklopädie der Psychologie. C, III, 3* (S. 463-494). Göttingen: Hogrefe.

Inglehart, R. (1995). *Kultureller Umbruch. Wertewandel in der westlichen Welt.* Frankfurt: Campus.

Jung, C. G. (2011). *Die Archetypen und das kollektive Unbewusste (Gesammelte Werke 9/1).* Ostfildern: Patmos.

Jung, C., & Kerényi, K. (2012). *Das göttliche Kind – Eine Einführung in das Wesen der Mythologie; Neuausgabe.* Patmos: Ostfildern.

Lalueza-Fox, C., Rosas, A., Estallrich, A., Gigli, E., Campos, P., Garcia-Tabernero, A., . . . delaRasilla, M. (2011). Genetic Evidence for Patrilocal Mating Behaviour among Neandertal Groups. *Proceedings of the National Academy of Sciences of the USA, vol. 108,* S. 250-253.

Liegener, C.-M. (2016a). *Wie wurde Jesus Gottes Sohn? Muttersöhne in der Bibel.* Essen: Die Blaue Eule.

Liegener, C.-M. (2016b). *Der Muttersohn im Mythos.* Hamburg: tredition.

Liegener, C.-M. (2017a). *Warum die Welt weiblich wird. Ein Psychogramm der Menschheit.* Leipzig: Einbuch-Verlag.

Liegener, C.-M. (2017b). *Kollektivpsychologische Ursachen des Populismus.* München: GRIN-Verlag.

Liegener, C.-M. (2017c). *Der Verlust des Jenseits.* München: GRIN-Verlag.

Liegener, C.-M. (2018). *Der Untergang der mykenischen Kultur.* München: Grin-Verlag.

Liegener, C.-M. (2019). *Machtlos gegen den Klimawandel.* Norderstedt: BoD – Books on Demand.

Pilgrim, V. E. (1986). *Muttersöhne.* Düsseldorf : claassen.

Schuler, R. (17. Dezember 2017). Nur jeder Fünfte will Weihnachten in die Kirche. *bild.de.*

Schwarz, G. (2007). *Die "Heilige Ordnung" der Männer: Hierarchie, Gruppendynamik und die neue Rolle der Frauen, 5.Auflage.* Wiesbaden: VS Verlag für Sozialwissenschaften.

Smolla, G. (1960). *Neolithische Kulturerscheinungen.* Bonn: Habelt.

Spalek, K., Fastenrath, M., Ackermann, S., Auschra, B., Coynel, D., Frey, J., . . . Milnik, A. (2015). Sex-Dependent Dissociation between Emotional Appraisal and Memory: A Large-Scale Behavioral and fMRI Study. *Journal of Neuroscience 21,* S. 920-935.

Stokowski, M. (25. Dezember 2018). Harmonische Feiertage. Frauen als Stahlträger und Zuckerguss. *Spiegel - online.*

Yanko-Hombach, V. (2007). *The Black Sea flood question. Changes in coastline, climate and human settlement.* Dordrecht: Springer.